ISBN 978-1-291-13449-0

Ambassador, Band 6:

„Freundschaftsbande“

Prof. Dr. Roland Hornung

ISBN 978-1-291-13449-0

Vorwort

13 Meinen Bogen setze ich in die Wolken, und er soll das Zeichen des Bundes sein zwischen mir und der Erde. 14 Und es wird geschehen, wenn ich Wolken über die Erde führe, so soll der Bogen in den Wolken erscheinen, 15 und ich werde meines Bundes gedenken, der zwischen mir und euch ist und jedem lebendigen Wesen, von allem Fleische; und nicht mehr sollen die Wasser zu einer Flut werden, alles Fleisch zu verderben. 16 Und der Bogen wird in den Wolken sein; und ich werde ihn ansehen, um zu gedenken des ewigen Bundes zwischen Gott und jedem lebendigen Wesen von allem Fleische, das auf Erden ist.(bereschit/ Genesis 9:13-16)

Ambassador, Band 6:

„Freundschaftsbande“

Roland Hornung

Dieser Bogen (*den Gott in die Wolken setzt*) ist ein Zeichen des Bundes zwischen G'tt und den Menschen. Aber er möge auch ein Zeichen des Bundes zwischen den Menschen sein. Ein Freundschaftsband. Freundschaftsbande verbinden - wie der Name schon sagt - Freunde. Sie binden Menschen. Sie schaffen immerwährende Verbindung. Ich habe viele solcher Verbindungen, solcher Bögen nach Israel. Mein Bogen spannt sich immerwährend zwischen Regensburg und Israel. Zum Beispiel zu E… Oder zu unserem Reiseleiter Uri Beer. Oder zu Schwester B. im Österreichischen Hospiz. Oder zu Schwester P. in der Schmid-Schule am Damskustor. …Zu Lea, zu Yaron, usw…

„Ich bin schon ein großes Mädchen“, antwortete E. Ich hatte sie per e-mail gefragt, ob sie denn mich überhaupt in Deutschland besuchen dürfe. Ich hatte sie im Internet kennengelernt. Sie war damals 22 Jahre alt und Studentin in Jerusalem, Wir hatten uns in einem israel-freundlichen Forum (im Internet) kennen gelernt. Mir war aufgefallen, dass sie sehr kompetent über Israel dort schrieb. Auch ich schrieb dort recht viel über meine Erlebnisse in Israel, und ich diskutierte auch mit den Forums-Mitgliedern recht oft.

Eines Tages hatte sie mich per e-mail angeschrieben – in ihrem köstlichen Theodor-Fontane Deutsch: „Werter Herr, seid Ihr vielleicht ein deutscher Jude?...“

Diesbezüglich hatte ich sie enttäuschen müssen. Doch wir schrieben so manche e-mail. Und eines Tages kam eben ihre Anfrage, dass sie mich in Deutschland besuchen wolle.....

Ich lud sie ein, sagte aber, sie müsse erst ihre Mama fragen. „Ich bin schon ein großes Mädchen und mache, was ich will...“ war also ihre Antwort.

Und sie kam nach Deutschland. Oft. Immer öfter. Ein paar Mal jedes Jahr. Und umgekehrt komme ich oft zu ihr und deren Mama nach Israel. Meist im Rahmen der von mir organisierten jährlichen Israel-Reisen.

DAS ist es, was ich mit „***Freundschaftsbande***" meine. Das ist ein Beispiel von Seiten Israels. Ein **Band** hält ja nur, wenn es auf jeder Seite fixiert ist, einen „Halt" hat. Ein nur einseitig befestigtes Band ist wie ein Fähnchen im Wind. Flattert lose, ist sicher auch gut und richtig. Aber eben kein gefestigtes Band.

Zurück zu E.

Das erste Mal, als sie kam, holte ich sie am Hauptbahnhof in Regensburg ab und bot ihr ein sehr reichhaltiges, fast überfülltes zweiwöchiges Programm. Treffen mit „Grüner Jugend" und „Jusos" und Stadträten. Treffen mit Armeniern, wie Laura.

Ausflüge innerhalb ganz Deutschlands. Und nach Prag. Und vieles andere mehr.

Bei späteren Aufenthalten hielt sie für in Regensburg „ivrit" -Kurse (also neuhebräisch) und half in einer Forschungsgruppe der „Internationalen Handlungskompetenz" um Herrn Professor Thomas an der Universität Regensburg mit.

Weitere freundschaftliche Bande und Kontakte in Israel bestehen natürlich zu unserem Reiseleiter Uri Beer, wie schon erwähnt.
Und zu G., der auch mehrmals bei uns Vorträge hielt.

Umgekehrt gibt es aus Deutschland sehr viele Verbindungen und Engagement in Israel: Aufenthalte im **Kibbuz**. Engagement bei **ASF** (=Aktion Sühnezeichen Friedensdienst), **Freiwilligen-Einsätze**, offizielles **FSJ** (=Freiwilliges Soziales Jahr), **Studium**, offizielle Praxis-Semester, usw…

EINSCHUB:

„„„ ein paar offizielle Angaben der Botschaft Israels in Deutschland:

Arbeiten, Praktika und Famulaturen in Israel

Shalom!
Leider können wir keine Arbeitsstellen, Praktika- oder Famulaturen in Israel vermitteln. Wir hoffen, dass Ihnen dieses Handout mit ersten Kontaktadressen bei der Suche nach einer geeigneten Stelle helfen kann.

Deutsch-Israelische Wirtschaftsvereinigung
Richard-Wagner-Str. 17; 80333 München
Tel.: +49 (0)89 12110402
www.d-i-w.de

Israelisch-Deutsche Industrie- und Handelskammer
AHK Israel
Chamber of Commerce & Industry Israel – Germany
P.O.B. 3488; Ramat Gan 52134; Israel
Tel.: +972 (0)3 613 35 15 und 613 35 16; Fax: +972 (0)3 613 35 28
E-Mail: info@ahkisrael.co.il
www.ahkisrael.co.il/Deutsch/praktika.htm
Jugendforum der Deutsch-Israelischen Gesellschaft e.V.

Das Jugendforum der Deutsch-Israelischen Gesellschaft e.V. (DIG) hat ein umfassendes Online-Angebot zu Arbeiten und Praktika in Israel zusammengestellt: http://www.deutsch-israelisches-jugendforum.de/ .

Koordinierungszentrum für deutsch-israelischen Jugendaustausch ConAct

Programm für Hospitationen in der Jugendarbeit in Deutschland und Israel. Im Rahmen eines 3 bis 8 Wochen dauernden Aufenthaltes können Fachkräfte in den jeweiligen Einrichtungen ihre Kenntnisse auf internationaler Ebene erweitern und neue Erfahrungen sammeln.
Für Jugendliche in praktischen Berufen bietet ConAct ein Austauschprogramm für freiwillige berufliche Praktika in Deutschland und Israel an. Bei dem längeren Aufenthalt im Partnerland können neue Einblicke in die Ausbildungs- und Arbeitswelt und Zusatzkompetenzen gewonnen werden.

Altes Rathaus - Markt 26; 06886 Lutherstadt Wittenberg
Tel.: 03491 / 4202-60
Fax: 03491 / 4202-70
E-Mail: info@ConAct-org.de
www.ConAct-org.de

Kibbuz Program Center – Takam Artzi
6 Frishman Street/cr. Hayarkon
Tel-Aviv 61030
Tel: +972 (0)3 5246 154 / 6
Fax: +972 (0)3 5239 966
E-Mail: kpc@volunteer.co.il
www.kba.org.il/volunteers/vomain.htm

Vereinigte Kibbuzbewegung

Lydia Bohmer
Schadowstr. 9; 60596 Frankfurt
Tel: 069 / 6199 34 60
Fax: 069 / 6199 41 29

Praktika im Bereich Sozialarbeit und Sozial-pädagogik

Israel Association of Social Workers
93 Arlosoroff Str.; Histadrut Bldg.; Tel Aviv
Tel.: +972 (0)3 6921 180
Fax: +972 (0)3 6921 148
http://www.socialwork.org.il

Kinder- und Jugend-Aliyah

Die Kinder- und Jugend-Aliyah bietet mit Unterstützung der Stiftung "Erinnerung, Verantwortung und Zukunft" interessierten jungen Menschen im Alter zwischen 18 und 27 Jahren, die Möglichkeit zu einem sozialen Jahr bzw. Praktikum im sozialen Bereich in einem ihrer Jugenddörfer.

Die Kinder- und Jugend-Aliyah hat über 120 Jugenddörfer mit unterschiedlichen Schwerpunkten, in denen Heranwachsende im Alter zwischen 12 und 18 Jahren leben. Teils sind es israelische Kinder aber auch viele aus den Ländern der ehemaligen Sowjetunion und Äthiopien.
Die Vorbereitung und Nachbetreuung wird in Deutschland stattfinden. In Israel werden sie zentral von einem Vertreter des Erziehungsministeriums betreut und erhalten die Möglichkeit Hebräisch zu lernen.

Infos und Bewerbung an:
Kinder- und Jugend-Aliyah,
Hebelstraße 6; 60318 Frankfurt
Tel.: 069 / 43 69 49
Fax: 069 / 43 29 17
E-mail: info@kiju-aliyah.de
www.kiju-aliyah.de

Praktika für Wirtschafts- und Sozialwissenschaftler

Association Internationale des Etudiants en Sciences Economique et Commerciales (AIESEC)

Man kann sich beim AIESEC nicht gezielt nur für ein Land bewerben. Die AIESEC ist in 61 Städten durch lokale Gruppen vertreten.

Die International Association for the Exchange of Students for Technical Experience (IAESTE) vermittelt Praktika im Bereich der Natur- und Ingenieur- wissenschaften, der Land- und Forstwirtschaft. Nach Israel werden zur Zeit jährlich etwa 30 Praktikanten vermittelt. Informationen sind bei den Akademischen Auslandsämtern oder den IAESTE-Lokalkomitees erhält-lich.

Deutsches Komitee der IAESTE im Deutschen Akademischen Austausch Dienst (DAAD)

Postfach 200404
53134 Bonn
Tel.: 0228 / 882-231
Fax: 0228 / 882-550
E-Mail: iaeste@daad.de
07.07.2008 4

Medizin und Zahnmedizin

Mediziner und Zahnmediziner können eine Famulatur in Israel ableisten. Für Mediziner besteht ein Austausch- programm des Deutschen Famulantenaustausches (dfa) mit Israel, während sich Zahnmediziner selbst eine Famulantenstelle bei einer zahnmedizinischen Einrichtung in Israel besorgen müssen. Adressen geeigneter Einrichtungen sowie weitere Informationen sind bei folgenden Stellen erhältlich:

Deutscher Famulantenaustausch (dfa)
Godesberger Allee 54; 53175 Bonn
Tel.: 0228 / 375340
E-Mail: info@famulantenaustausch.de
www.famulantenaustausch.de

Zahnmedizinischer Austauschdienst (ZAD)
Mallwitzstr. 16; 53177 Bonn
Tel.: 0228 / 855732

Veterinärmedizin
Deutsch-Israelische Tierärzte-Gesellschaft
Dr. Bernd Iben
Rheinerstr. 60; 48432 Rheine
Tel.: 05975 / 510

Praktikumsplätze für Juristinnen und Juristen
Deutsch-Israelischen Juristenvereinigung e.V.
Frau Erika Hocks
Marcobrunnerstr. 15; 65197 Wiesbaden
Tel.:0611 / 411 44 96, Fax: 0611 / 447 98 48
E-Mail: dijv.eh@t-online.de
www.dijv.de

Freiwilligen-Dienste

Online-Publikation „Voluntary Effort":

http://www.mfa.gov.il/MFA/MFAArchive/2000_2009/2000/12/Focus+on+Israel+-+A+Voluntary+Effort.htm

Momentan gibt es noch keine zentrale Koordinierungsstelle für junge Menschen, die nach Israel gehen möchten, um dort als Freiwillige einen sozialen Dienst zu leisten.

Aktion Sühnezeichen Friedensdienste e.V.

Auguststr. 80
10117 Berlin

tel: 030 / 28 39 51 84
www.asf-ev.de

Nes Ammim Deutschland e.V.

Bergesweg 16
40489 Düsseldorf

tel: 0211 / 40 59 750
fax: 0221 / 40 59 753
info@nesammim.de

Kfar Rafael

Verein zur Förderung einer Dorfgemeinschaft in Israel

Kolberger Straße 50

50374 Erftstadt-Liblar

Dienste in Israel **Evangelisch-Freikirchliches Sozial-werk Hannover**

Hermann –Löns-Park 7
30559 Hannover

tel: 0511 / 95 49 80

fax: 0511 / 95 49 85 2

Verein zur Förderung heilpädagogischer Stätten in Israel e.V.

PF 71

73548 Waldstetten

tel: 07171 / 42 409

www.zivi-israel.de

Auf der Homepage der **Deutschen Botschaft in Tel Aviv** finden Sie ebenfalls Informationen zu Freiwilligen-Projekten im sozialen Bereich: www.germanemb.org.il.

Auch das **Jugendforum** der **Deutsch-Israelischen Gesellschaft** (DIG) hat ein umfassendes Online-Angebot zu diesem Thema zusammengestellt: www.deutsch-israelisches-jugendforum.de/ kontakte.html.

Literaturtip:

Ausführliche Informationen zu den Themen Kibbuz, Moshav, Arbeiten und Helfen in Israel (außerhalb von Kibbuz und Moshav), Studieren und Forschen, Hintergrund- und Reiseinformationen sowie eine Kibbuzliste finden Sie im Handbuch *Kibbuz, Moschaw und Freiwilligendienste* von Claus Stefan Becker, erschienen bei *interconnections*, welches Sie über den Buchhandel oder direkt über den Verlag beziehen können: 0761 / 700 650.

Wir hoffen, dass Sie ein passendes Freiwilligenprojekt in Israel finden, und wünschen Ihnen einen angenehmen und interessanten Aufenthalt in unserem Land!

(Ende EINSCHUB: Zitat Botschaft Israels in Berlin)

Im folgenden ein paar Beispiele von Austausch mit Israel, Engagement für Israel in einem Freiwilligen-Einsatz verschiedener Art:

Allein diese wenigen Beispiele zeigen das reichhaltige Spektrum einer Einsatz-Möglichkeit in Israel.

BEISPIELE:

Interessanterweise betreffen meine Beispiele nur junge Damen – mir alle persönlich bekannt.

Allgemein engagieren sich in den verschiedenen „Diensten" in Israel mehr Damen als Herren.

1.) M. war einige Wochen bei "Sar El" (der IDF nahe stehend) und, später, ein Jahr "Magen lang bei „David Adom" . Sie engagiert sich immer wieder mal in Israel.

2.)R. absolvierte ein halbes FSJ und studierte danach ein Semester lang an der Hebräischen Universität in Jerusalem.

3.) Auch B. studierte ein Jahr lang in Jerusalem

4.) Bi. arbeitete 6 Monate lang in einem Kibbuz (und auch K. und A.. waren einige Wochen in einem Kibbuz).

5.) S. absolvierte ein offizielles Praxissemester

6.) Auch L. leistete ihr Praxissemester in Israel ab

7) Mi. machte ein FSJ

8.) Be. arbeitete als Freiwillige drei Monate lang in einer christlichen Einrichtung.

9.. Ma. leistete vier Monate lang einen Teil Ihrer medizinischen Ausbildung in Israel ab.

10. C. war zu einem Forschungsaufenthalt in Israel und recherchierte für ihr Studium.

=======

Ich erwähne all diese Damen und deren Engagement für Israel, deren freundschaftliche Bande, weil es eben auch sehr viel negative Propaganda, sehr viel Engagement gegen Israel gibt. Gerade in Deutschland!

Einige – persönlich erlebte – solche Propaganda-Veranstaltungen schildere ich auf den nächsten Seiten:

Ein Exkurs:

Gedanken über Sekundären Antisemitismus, eigenartige Vergesslichkeiten, antiisraelische Klischées, Etikettenschwindel und tiefe Enttäuschung.

„Alter Wein in neuen Schläuchen"

Liebe Leser,

wenn man einen Liter Benzin in 1000 Liter reines köstliches Wasser gießt, sind auch diese 1000 Liter guten Wassers verdorben.

Wenn man alten Wein, der schon abgestanden und schal schmeckt, in neue Schläuche füllt, schmeckt er trotzdem noch schal und unangenehm.

Wenn man ein Schwein in einen Pferdestall stellt, bleibt es trotzdem ein Schwein.

Nicht überall, wo Frieden draufsteht, ist auch Frieden drinnen.

Wenn man schlimme anti-israelische Klischées und dumpfe antisemitische Stereotype ("reicher, schwer bewaffneter, gut gerüsteter Jude", "Jüdische Lobby", "Israelis benehmen sich wie Nazis", ...) und

dümmliche Vorurteile in einen harmlosen und ach so keuschen "Friedens-Vortrag" verhüllt, bleiben es trotzdem dümmliche Vorurteile und dumpfe antisemitische Stereotype und Klischées.
Ekelhaft!

Wenn solche dümmlichen antisemitischen Vorurteile und Parolen bei NPD-Demos und von Neonazis gebrüllt werden, gibt es riesige "Entrüstungsrhetorik und – theatralik" und eine "Demo gegen Rechts" mit 5000 Leuten und ein millionenschweres Programm "Gegen Rechts" !

Wenn solche peinlichen und dumpfen antisemitischen Klischées in einem Vortrag in einem Evangelischen Bildungswerk fallen, dann darf man nichts sagen, sondern bekommt Redeverbot?!?

Ein Vortrag eines gewissen Dr. N. über "Frieden in Israel und Palästina" war zunächst durchaus seriös und viele, sehr viele Details und Fakten stimmten: Die Größe und Lage Israels, die Landschaften, die Bevölkerung, auch ein großer Teil der geschichtlichen Daten und Geschehnisse.
B E I D E großen Volksgruppen, Israelis und Palästinenser, machten Fehler, teils schlimme Fehler.

So waren sicher 80 % des Vortrages in Ordnung.

Das waren die 1000 Liter reinen und köstlichen Wassers.

Wenn aber zwischendurch dann peinliche und teils verlogene und schlimme antisemitische Stereotype bedient werden, wenn mit nackter Existenz 1933-1939 dem Grauen des Nationalsozialismus aus Deutschland ins britische Mandat "Palestine" entkommende Juden als "hochgerüstete, bewaffnete Juden" umgelogen werden, dann ist das eben der eine Liter Benzin, der das Wasser verdirbt.

Wenn Frieden gepredigt wird, aber unterschwellig anti-israelische Klischées bedient werden, ist das das schleichende Gift, das im Fass brodelt, auf dem "Frieden" steht.

Etikettenschwindel ?

Sicher waren nur wenige Stereotypen schlimmer sekundärer Antisemitismus. Aber das viele Gute, das gesagt wurde (und auch das Versöhnliche, der durchaus zustimmungsfähige Konsens, die gute Lösung am Vortragsende) kann durch wenig Gift zerstört werden.

So macht man KEINEN Friedensvortrag, und durch Volksverhetzung kann nie Versöhnung erreicht werden.

Schade. Ein guter Anfang, aber eine schlechte Durchführung.

Eben alte Kamellen, alte Vorurteile, in neuer Schale verpackt.

Alter Wein in neuen Schläuchen. Eben etwas schal und abgestanden.

Euer sehr, sehr enttäuschter Roland Hornung

Wunder gibt es immer wieder!

In einem anderen Vortrag in einem anderen Bildungsträger hörten wir also über den Holocaust.

Der Redner ist zerknirscht. Die Zuhörer sind zerknirscht und leise. Es ist alles so traurig. Die überlebenden Juden wurden teils als DP's (displaced persons) gesammelt.

Sie waren krank, unterernährt, arm und ohne jede Habseligkeiten.

Viele von ihnen gingen nach Israel, genauer: in das damalige britische Mandatsgebiet.

Recht kurze Zeit später hören wir einen weiteren Vortrag über die Gründung Israels – im gleichen Bildungsträger. Der Redner erzählt: Die Juden kamen nach dem 2. Weltkrieg in das britische Mandatsgebiet.

Sie waren gesund, gut genährt, reich und voll bewaffnet.

EIN WUNDER !!!

Während des wenige Tage (!) dauernden Seetransportes in das britische Mandatsgebiet wurden also aus schwer kranken, unterernährten, armen Holocaust-Überlebenden plötzlich und ganz schlagartig gesunde, gute genährte, reiche, schwer Bewaffnete!

Ein WUNDER!
Wunder gibt es ja immer wieder!

Ein Wunder?

Oder war es doch kein Wunder? Sondern nur die - leider - so üblichen schlimmen widerlichen Lügen gewisser anti-israelischer Kreise?

"Nicht überall, wo "Bio" draufsteht, ist Bio drinnen!

Und erst recht nicht überall, wo "Frieden" draufsteht, ist Frieden drinnen!".

Auf so mancher Büchse steht "Frieden". Und öffnet man dann diese Büchse der Pandora, entfleucht daraus der böse Geist aus Volksverhetzung, Rassismus und Bosheit und Hass.

Seitdem bin ich extrem vorsichtig, wenn ich allzu oft "Frieden" lese. "Frieden" wird leider oft als eine Art "Keuschheitssiegel" verwendet. Und unter dem Siegel der Keuschheit lässt sich dann leider oft ungestört so richtig schön hetzen.

Schade.

Arabische Stimmen

zu Israel gibt es. Zahlreiche. Meist eher negative, kritikasterhafte oder sogar ungerechte und falsche Kritik. Ist diese Kritik die Mehrheit? Oder äußern sich negativ gestimmte Araber einfach häufiger?

Und die schweigende Mehrheit?

Umfragen zeigen, zumindest unter israelischen Arabern, dass eine große Loyalität zu Israel deutlich vorherrscht. Gilt das auch für Palästinenser in der Westbank?

Wir sollten einmal "positive" arabische Stimmen sammeln. Es gibt wahrscheinlich viel mehr, als man denkt!

Ein Beispiel habe ich hier gleich selbst:

Ein arabischer Busfahrer (der „Jerusalemer“ war, also etwas weniger als ein israelischer Staatsbürger) lobte Israel über den grünen Klee: „Wie haben es die Juden hier so schön gemacht. Neue Gebäude, schöne Häuser. Die Wüste wird grüner. Und allein die wunderbaren Eukalyptusbäume. Vorher war Sumpf. Malaria. Jetzt ein so schönes Land. Irgendwie will ich schon, dass diese Zionisten hier bleiben.“

Versöhnliche Stimmen zu Israel und zu einem friedlichen Zusammenleben gibt es durchaus auch auf arabischer Seite. Ich hatte ja bereits einige erwähnt.

Natürlich tingeln durch Deutschland (leider oft unter dem Deckmäntelchen "Frieden", "Friedensbewegung", usw) auch viele (angebliche) Palästinenser, die ein paar hehren Worten zu Beginn ihres Vortrages meist die übliche Propaganda folgen lassen und ihren Hass auskübeln. Pfui.

Solche Hetzer, die dem Frieden nicht dienen, sollte man einfach ignorieren. In den Orkus des Vergessens werfen. Nicht ernst nehmen.

Nicht überall, wo "Frieden" drauf steht, ist auch Frieden drinnen.

Solche Typen schaden ihrer eigenen Sache mehr als sie je nützen!

ABER:

Es gibt durchaus auch seriöse Menschen, oft Jugendliche, die sehr kompetent, sachlich, freundlich, friedlich und fröhlich über ihre Heimat sprechen.

Spontan fallen mir ein paar palästinensische Studenten/innen ein, die in einem "Länderabend" so schön über ihre Heimat sprachen - und dazu auch noch köstliches Essen kochten (dass sie dabei in ihrer Euphorie ihr Land künstlich vergrößerten, mag dem Eifer ihrer Jugend zugeschreiben sein!).

Noch begeisterter war ich über eine Jung-Politikerin (mit Wurzeln im Ghazastreifen), die hervorragende Ideen und Gedanken vertrat.

Solche Politikerinnen braucht unser Land! Vergesst die ewig gestrigen Hetzer! Hört auf junge, seriöse und konstruktive Menschen!

Wie schon so oft von mir gesagt:

Die Palästinenser brauchen keine destruktiven Hetzer. Nein!

Die Palästinenser brauchen sehr gute und kompetente Chronisten!

Doch - zurück zu E. :

Sie war ja oft hier in Deutschland. So gab es auch Abschiedstage. Hier die Schilderung eines solchen Tages:

Ihr Lieben alle,

heute war also der Tag des Abschiedes von E.

Früh morgens begleitete ich heute E. zum Flughafen nach München, zum Flughafen " Franz Josef Strauss " (dessen Todestag übrigens genau vor 15 Jahren an diesem Tag hier in Regensburg war!)!

Wir nahmen den Zug um 7:44 Uhr - und hatten nicht daran gedacht, dass morgen das Oktoberfest endet!

Es war kaum möglich, einen STEH-Platz zu bekommen. Der Zug war zum Bersten voll!
Trotzdem war E. nicht sauer, sondern froh und fröhlich und so glücklich über jeden grünen Baum, den sie unterwegs auf der Bahnfahrt sehen konnte.

Was ist doch E. für ein dankbarer und lieber Mensch.

Uns ist es doch oft schon so selbstverständlich, dass wir in einem Land mit viel Wasser und viel Grün leben dürfen!

Gerade im trockenen Israel freut man sich über jeden Schatten spendenden Baum!
An "Tu be shwat" (Tag des Baumes) pflanzt man daher auch ganz viele Bäumchen; wer von Euch will, kann auch Bäume für Israel s p e n d e n, beim KKL zum Beispiel.

Dann kamen wir an den Hauptbahnhof nach München. Die S-Bahn in München war dann etwas weniger gefüllt, und wir fanden einen Sitzplatz.

Plötzlich wurde per Lautsprecher durchgesagt, dass sich der S-Bahn-Zug teilen werde, in einen Teil in Richtung Flughafen, und in einen anderen Teil in Richtung Freising.

Mir kamen dabei Gedanken an einen Regenwurm in den Sinn, der ja auch geteilt werden kann...

Und E. fragte, was mit dem 2. Teil geschehe, da es doch <u>nur eine Lokomotive</u> gebe....

Unser Teil des Regenwurms kam dann bald am Flughafen an, und, wie Ihr Euch ja sicher noch erinnert, mussten wir - für Israelflüge - zum Terminal F, zum Hochsicherheitstrakt.

Dort durfte ich nicht mit hinein, und es war nun "time to say good by" (und "lehitraot" usw.)

Draußen stand ich noch eine Weile und winkte durch die Glasscheiben noch E. zu...

"Auf Wiedersehen, bis bald"!

Beim Zurückgehen zur S-Bahn muss ich noch ein wenig vom Abschied "benommen" gewesen sein: Ich ging auf ein Laufband, das in Gegenrichtung zu mir lief, und wunderte mich, dass ich - OBWOHL ich selbst aktiv noch vorwärts lief (!) - n i c h t von der Stelle kam. Nein, im Gegenteil, ich kam immer mehr zurück! ☹

Während ich über dieses seltsame physikalische Phänomen noch grübelte, merkte ich nach einiger Zeit, dass das Laufband ja mir entgegen lief!

Ich hätte das parallele Band daneben nehmen müssen, das M I T mir in die korrekte Richtung lief!

JA, ja, man lernt nie aus.

Zum Abschied für euch Leser nun ein (unveränderter, nicht von mir korrigierter) Text von E., mit dem sie sich bei der „Grünen Jugend" hier vor Ort vorgestellt hatte:

"Mein Name ist E. Ich bin Israelin, 22 Jahre alt, und studiere Biologie und Germanistik an der Hebraeischen Universitaet in Jerusalem.

Neben meinem Studium bin ich politisch sehr in-teressiert und engagiert. Ich stehe der "merez" nahe (eine israelische Partei aehnlich "Buendnis90/ die Gruenen") und bin fuer eine "einseitige Tren-nung " in Israel.

Zur Zeit, waehrend ich das schreibe, bin ich fuer etwa 2 Wochen in Regensburg zu Besuch.

Sehr gerne habe ich mich mit Euch jungen Gruenen
unterhalten und freue mich ueber die Freundschaft mit Euch!

Wir bleiben in Kontakt und versuchen, deutsch-israelischen Jugendaustausch in Regensburg zu organisieren, und Informationen ueber eine Schule mit juedisch-arabischer Koedukation zu vermitteln.

Frieden ist ein hohes Gut..

Wir sollten uns alle darum bemuehen, Frieden zu finden!

Euere E."

Wie wichtig „Freundschafts-Bande“ sind, zeigt folgendes Erlebnis, das ich kurz vor Beginn des zweiten Golfkrieges (1990/1991) in Israel hatte. Ich war bis wenige Tage vor Beginn des Golfkrieges in Israel gewesen. Man fürchtete dort Raketen-Angriffe von Seiten Saddam Husseins. Auch vielleicht Giftgas-Angriffe,

Als ich (ich denke, es war um den 08. Januar 1991) von Tel Aviv abflog, sagte der Passagier neben mir (als wir beide etwas "betreten" zurück auf Tel Aviv schauten):

"I hope this will be a place to visit again"....

Ja, hoffen wir alle, dass es immer in Israel einen Platz gibt, an dem unsere Freunde in Frieden leben können. An dem wir sie stets besuchen können. Wo wir unsere Freundschaftsbande knüpfen und festigen können.

Dieses Buch ist der sechste Band einer geplanten Reihe, in welcher der Autor Roland Hornung (aber auch Freunde und Bekannte) weitere neue Erlebnisse aus Israel schildern mögen.

ISBN 978-1-291-13449-0

www.ingramcontent.com/pod-product-compliance
Ingram Content Group UK Ltd.
Pitfield, Milton Keynes, MK11 3LW, UK
UKHW020229250726
13967UKWH00001B/262